5 4 3 2 1   28 27 26 25 24

ISBN 978-3-649-64711-9

© 2024 Coppenrath Verlag GmbH & Co. KG,
Hafenweg 30, 48155 Münster, Germany
Alle Rechte vorbehalten, auch auszugsweise.
Illustrationen von Sara Vidal Peiró
Gestaltung von Marlies Stolzenburg

www.coppenrath.de

AUF EINMAL
IST ES HELL

Gebete und Gedichte zur Erstkommunion

Aufgeschrieben von
Erwin Grosche

LIEBES KOMMUNIONKIND!

Mit deiner ersten heiligen Kommunion hast du entschieden, Ja zu Gott und seiner Gemeinschaft zu sagen. Möge dir dieses Fest immer in besonderer Erinnerung bleiben. Mit Gott bist du nicht allein, er macht dich stark.

Im Gebet kannst du diese Kraft spüren, beten heißt mit Gott sprechen. Er hört dir zu und versteht dich. Du darfst ihm von deinen Wünschen, deiner Freude und deinen Sorgen erzählen. Versuche dafür jeden Tag ein wenig Zeit und Stille zu finden. Es ist schön zu wissen: Da ist jemand für mich da. Gott sei dir immer nah.

MORGENGEBET

Auf einmal ist es hell,
der neue Tag ist da.
Mein lieber Gott, wie schnell
ist alles schön und nah.

Weck meinen Lebensmut
und lass mich nicht allein,
dann wird schon alles gut
und ich kann glücklich sein.

SEGENSGEBET

Lass mich ein wahrer Segen sein,
ein Schirm im Sommerregen sein,
ein Kind auf Gottes Wegen sein,
dafür und nicht dagegen sein.

Lass mich ein wahrer Segen sein.

GLÜCKSGEBET

Lieber Gott, hör dies Gebet,
sind nicht viele Zeilen.
Wer so viel von Glück versteht,
kann es auch mal teilen.

Hab schon so viel Glück gespürt,
nun gönn ich es andern.
Einmal kräftig umgerührt,
Glück muss weiterwandern.

Lieber Gott, drum sei gerecht
und lass mich erkennen,
was voll gut ist und echt schlecht,
das will ich dann trennen.

Lieber Gott, ich ruf dich an,
zeige mir das Leben.
Wer viel hat, der kann auch dann
anderen abgeben.

EINSCHLAFGEBET

Lieber Gott, bevor ich schlafe,
zähle ich doch keine Schafe.
Ich denk lieber an die Sachen,
die ich heute durfte machen.
Und dabei kann es schon sein,

dass ich langsam schlafe ein.

Lieber Gott, bevor ich schlafe,
zähle ich doch keine Schafe.
Ich denk lieber an die Sachen,
die ich heute durfte machen.
Und dabei kann es schon sein,

dass ich langsam schlafe ein.

Lieber Gott, bevor ich schlafe,
zähle ich doch keine Schafe.
Ich denk lieber an die Sachen,
die ich heute durfte machen.
Und dabei kann es schon sein,

dass ich langsam schlafe ein.

Dieses Gebet wird so oft gesprochen,
bis man eingeschlafen ist.

REISEGEBET

Lass uns auf die Reise gehn,
Liebe zu entdecken,
sie auf deine Weise sehn,
auch in fernen Ecken.

Lass uns auf die Reise gehn,
Glück und Trost zu finden,
sie auf deine Weise sehn,
Freundschaften verbinden.

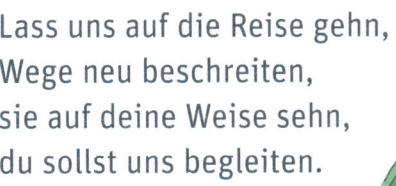

Lass uns auf die Reise gehn,
Wege neu beschreiten,
sie auf deine Weise sehn,
du sollst uns begleiten.

Lass uns auf die Reise gehn,
andre Länder spüren,
sie auf deine Weise sehn,
öffnet manche Türen.

GEBET VOR DEM ESSEN

Lieber Gott, wir danken dir
für das gute Essen hier.
Jeder spürt, man wird geliebt,
weil es später Nachtisch gibt.

Dieses Gebet sollte man nur sprechen,
wenn es nachher wirklich Nachtisch gibt.

SOMMERGEBET

Lieber Gott, schön ist die Welt,
wenn es blüht in Wald und Feld.
Schick dein Licht in unser Land
und mir keinen Sonnenbrand.

Das Gebet kann man aus dem offenen Fenster
hinausrufen, der Sommer freut sich, wenn er
so herzlich begrüßt wird.

DAS KREUZZEICHEN

Wenn sich der Abend auf uns senkt
und Gott uns seine Liebe schenkt,
stellt er für uns die Weichen,
wir danken durch sein Zeichen.

Wenn dann der Mond am Himmel steht
und Gott uns hört bei dem Gebet,
kann alles man erreichen,
wir danken durch sein Zeichen.

Wenn dann die ganze Sternenschar
glänzt über uns ganz wunderbar,
wir uns die Arme reichen
und danken durch sein Zeichen –
das Kreuzzeichen.

GOTTES GRUß

Fällt der Regen auf das Dach,
bleib ich noch ein bisschen wach,
denn das ist ein Gruß von dir
und ich hör, du bist bei mir.

Scheint der Mond durchs Fenster rein,
lass ich ihn auch bei mir sein,
denn das ist ein Gruß von dir
und ich seh, du bist bei mir.

Wenn ich dann mal schlafen muss,
freu ich mich auf einen Kuss,
denn das ist ein Gruß von dir
und ich weiß, du bist bei mir.

WEM GEHÖRT DIE LUFT?

Wem gehört die Luft,
wem der Blumen Duft?
Wem gehört der Donnerklang,
wenn es donnert stundenlang?
Wem gehört die Luft?

Wem gehört das Glück,
wem das Kuchenstück?
Wem gehört der Sonnenstrahl,
wem nach „1" die nächste Zahl?
Wem gehört das Glück?

Wem gehört die Zeit,
wem die Dunkelheit?
Wem gehört der Regenguss,
wem der Gutenabendkuss?
Wem gehört die Zeit?

GOTT HÖRT ZU

Gott hört zu,
wenn wir laut lachen,
wenn wir singen, Witze machen.

Gott hört zu,
wenn wir laut klagen,
wenn wir streiten, uns vertragen.

Gott hört zu,
wenn wir mal schweigen
und uns still vor ihm verneigen.

Gott hört zu,
hörst du auch ihn?

WENN ICH BETE

Wenn ich bete,
spür ich den Boden,
auf dem ich gehe.

Wenn ich bete,
seh ich den Himmel,
weil ich hier stehe.

Wenn ich bete,
streck ich die Hände
ganz weit nach oben.

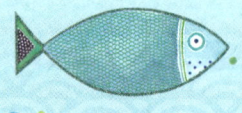

Wenn ich bete,
spring ich vor Freude,
um Gott zu loben.

Wenn ich bete,
bin ich ganz leise
und sag keinen Ton.

Wenn ich bete,
weiß ich: Wer zuhört,
versteht mich dann schon.

Zu diesem Gebet kannst du dich bewegen:
Zuerst beugst du dich zum Boden, dann
richtest du dich auf und schaust nach oben.
Nun streckst du die Hände hoch und springst
danach in die Luft. Zum Schluss lauschst du
in dich hinein.

DARUM NIMMT
GOTT MICH AN

Weil ich versuche, das Gute zu tun,
weil ich das Böse im Herzen lass ruhn.

Weil ich nicht schwätze und leichtfertig lüge,
weil ich gern teile und keinen betrüge.

Weil ich das Böse nicht mag und bekämpfe,
weil ich gern helfe und alle Not dämpfe.

Weil ich die Freude auch anderen gebe,
weil ich nach Gottes Worten lebe.

Weil ich mich mühe und Neues probiere,
weil Gott mich liebt, auch wenn ich verliere.

Weil ich das alles durch seine Kraft kann,
darum nimmt Gott mich im Leben an.

LASS MICH EIN WERKZEUG DES FRIEDENS SEIN

Lass mich ein Werkzeug des Friedens sein.
Wo Hass herrscht, steh ich für Liebe ein.
Wo Zorn droht, lass mich weise handeln
und allen Streit in Glück verwandeln.

Lass mich ein Werkzeug des Glaubens sein.
Wo Zweifel nagt, kann ich Wahrheit sein.
Wo Furcht ist, lass mich Hoffnung bringen
und so von deiner Güte singen.

Lass mich ein Werkzeug der Freude sein.
Ich weiß doch, du lässt mich nie allein.
Bei Dunkelheit bist du aller Licht,
ich bin dein Werkzeug, verlass mich nicht.

Nach dem Gebet des heiligen Franziskus

LICHT VON DIESER WELT

Das Licht ist für uns Sonnenschein
und auch der Sternenglanz,
es kann ganz voller Wonnen sein
und lädt zum Lichtertanz.

Das Licht kann auch ein Lachen sein
von einem kleinen Kind,
es kann auch wie ein Drachen sein
und tanzt im Sommerwind.

Das Licht erstrahlt in dunkler Nacht,
das kommt vom lieben Mond,
der immer deinen Schlaf bewacht
und hoch am Himmel wohnt.

Das Licht dringt in das Herz hinein
und breitet sich dort aus,
kannst du kein Stern am Himmel sein,
sei doch ein Licht zu Haus.

GOTTES LIEBE

Wir haben die Tage, die Nächte, das Licht.
Wir spielen gern Fußball, wir fürchten uns nicht.
Doch was wären wir ohne Liebe,
ohne deine Liebe?

Wir haben Maschinen, die Autos, das Geld.
Wir grillen im Garten, tun, was uns gefällt.
Doch was wären wir ohne Liebe,
ohne deine Liebe?

Wir haben den Sommer, den Regen, den Wind.
Wir fühlen uns wohl, wo auch immer wir sind.
Doch was wären wir ohne Liebe,
ohne deine Liebe?

Wir haben Sekunden, die Stunden, das Jahr.
Wir spüren das Leben, es ist wunderbar.
Und wenn das alles nicht bliebe,
dann hätten wir doch deine Liebe,
deine große Liebe.

GEMEINSAMES GEBET

Gott im Himmel,
weil du da bist,
fühlen wir uns nie allein.
Weil du da bist,
laden wir uns Gäste ein.
Weil du da bist,
sind wir auch für andre da.
Gott im Himmel,
weil du da bist,
sagen wir zum Leben Ja.

BESCHÜTZERGEBET

Lieber Gott,
beschütz mein Lachen,
lass mich alle
fröhlich machen
und du freust dich dann mit mir.

Lieber Gott,
muss ich mal weinen,
tröste mich und
schicke einen,
der dann sagt: Ich helfe dir.

HILFEGEBET

Alle Geschöpfe, die auf Erden leben,
sehnen sich nach deiner Güte.
Alle Tiere und Pflanzen
rechnen mit deinem Schutz.
Auch wir Kinder können helfen
und uns um andere kümmern.
Wir sehen auch, ob es Menschen
gut oder schlecht geht.
Hilf uns beim Helfen.
Das ergibt Sinn.
Gemeinsam kriegen wir das hin.

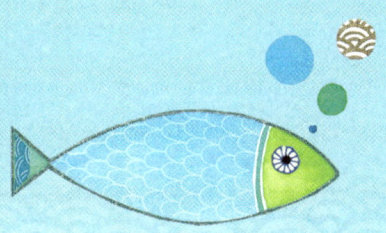

WELTGEBET

Herr im Himmel,
beschütze die Welt,
beschütze alle, die darauf leben.
Wir sind Gäste.
Lass uns durch keinen Streit entzweien.
Wir können miteinander reden.
Hilf uns, Freunde zu werden.
Wir können voneinander lernen.
Gib uns Gesang und Spiel.
Wir können miteinander Spaß haben.

Herr im Himmel,
beschütze die Welt.

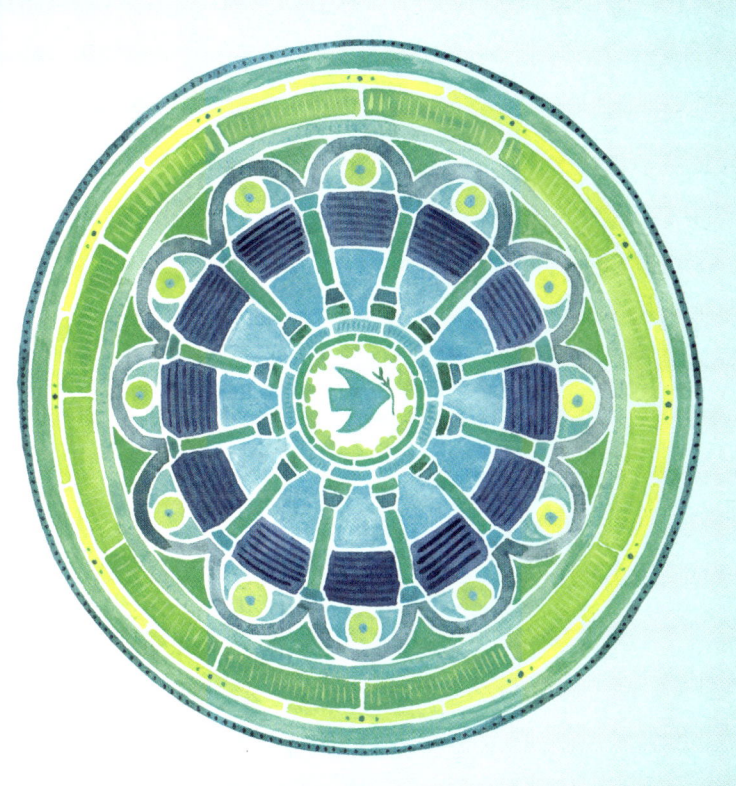

HERZGEBET

Ich lass dich in mein Herz schaun
und öffne dir es hier,
kann dir bei jedem Schmerz traun,
denn dabei hilfst du mir.

Ich sage dir die Wahrheit,
du weißt doch, wer ich bin,
ein Wort von dir schafft Klarheit,
ein Wort von dir hat Sinn.

EIN LEERES BLATT

Wir sehen hier
ein Blatt Papier.
Das ist nicht schwer,
das ist ganz leer.

Drum schreib was drauf
und mal was auf.
Schenk dem Papier
ein Stück von dir.

Vielleicht entsteht
so ein Gebet.

TAG-NACHT-GEBET

Gottgütige Nacht,
vom Himmel erdacht,
in Liebe geborgen,
freu ich mich auf morgen.

Gottgütiger Tag,
weil Gott mich so mag,
geh ich durch sein Licht
und fürchte mich nicht.